성령님과 함께 쓰는

은혜로운 필사 성경

Graceful Writing Bible

구약 1 | 창세기 ~ 신명기

필 사 자 : ____________________

시작한 날 : ____________________

끝 난 날 : ____________________

서울말씀사

일러두기

1. 성경 각 권의 서론을 수록하여 성경의 이해를 도왔습니다.

2. 성경의 장과 절이 인쇄되어 있어 보기 쉽고 쓰기 쉽습니다.

3. 성경의 순서에 관계없이 자유롭게 필사할 수 있습니다.

4. 성경과 같이 2단 편집으로 되어 있어 쓰기 쉽고, 여백 활용을 최대화 하였습니다.

5. [성령님과 함께 쓰는 은혜로운 필사성경]은 총 5권으로 구성되어 있습니다.
   - 제1권 율법서(창세기~신명기)
   - 제2권 역사서(여호수아~에스더)
   - 제3권 시가서(욥기~아가)
   - 제4권 예언서(이사야~말라기)
   - 제5권 신약(마태복음~요한계시록)

머리말

지식의 홍수 속에서 살아가는 현대인들의 영혼에 가장 필요한 지식은 무엇일까요? 그것은 바로 '하나님을 아는 지식'입니다. 하나님께서는 호세아 6장 6절에서 "나는 인애를 원하고 제사를 원하지 아니하며 번제보다 하나님을 아는 것을 원하노라"라고 말씀하셨습니다. 이처럼 하나님께서 가장 원하시는 것은 우리가 하나님을 알고 하나님의 뜻대로 사는 것입니다.

하나님을 알아가는 가장 좋은 방법은 하나님의 말씀인 성경을 가까이하는 것이며, 성경을 가까이하는 가장 좋은 방법들 중 하나는 성경을 직접 쓰는 것입니다. 성경을 필사하는 시간은 성경을 읽고 묵상하는 시간과 더불어 또 하나의 은혜의 시간, 축복의 시간이 될 것입니다. 이렇게 귀한 성경 필사에 도움이 되고자 이번에 『성령님과 함께 쓰는 은혜로운 필사성경』을 펴내게 되었습니다. 이 책은 말씀을 읽는 것에서 더 나아가 말씀을 직접 기록하며 하나님을 더욱 알기를 원하는 모든 분들에게 큰 유익이 될 것입니다. 인내와 정성이 깃든 성경 필사를 통해 성령님의 음성을 듣고 하나님 말씀의 더 깊은 세계로 나아가는 은혜를 체험하게 되시기를 간절히 바랍니다.

여의도순복음교회
위임목사 이영훈

GENESIS

창세기

저 자 모세

주 제 우주 만물의 기원, 인간의 기원 및 타락과 인간을 구원하기 위한 하나님의 역사

기록목적
- 우주 만물의 기원이 하나님의 창조로부터 비롯되었음을 가르쳐 준다.
- 인간은 하나님의 뜻을 거역하여 타락했고, 이에 죄를 사함 받고 구원을 얻을 필요성이 있음을 보여 준다.
- 하나님께서 타락한 인간에게 구원의 역사를 펼치고 계심을 보여 준다.

기록배경
- 본서는 이스라엘이 출애굽 하여 광야 생활을 하는 동안에 모세가 하나님의 계시를 받아 기록한 것으로 추정된다. 그 당시 이스라엘 백성은 미래가 불확실한 상태에서 가나안 땅을 차지하기 위해 행군하고 있었다. 이러한 상황에서 그들에게는 하나님에 대해서, 그들이 하나님의 선민이 된 경로에 대해서, 또 가나안 땅을 기업으로 약속받은 경로에 대해서 올바로 알고 확신과 소망을 얻을 필요가 있었다. 뿐만 아니라 고대 근동 지역에서는 다신론과 지역신론이 팽배하고 있었기 때문에 유일신 사상을 심어 줄 필요가 있었다.

특 징
- 성경 66권 중 첫 번째 책으로서 성경의 전체적 배경을 제공하고 있다.
- 우주 만물과 생명의 기원이 오직 하나님께 있음을 분명히 하고 있다.
- 아담이 범죄함으로 인류는 죄를 짓게 되었으며 죄의 성품까지 물려받게 되었음을 밝히고 있다 8:21; 롬 5:19.
- 아브라함과 그의 후손을 통한 구원의 약속이 주어졌다. 창세기 이후 모든 성경의 중심은 이 언약의 성취를 가져온 예수 그리스도에게 집중되고 있다.

나의 기도

창세기

1

2

3

4

5

6

7

8

9

10

11

12

13

14

15

16

17

18

19

20

기록일 : . . .

21

22

23

24

25

26

27

28

29

30

31

2

2

3

4

5
6
7
8
9
10
11
12
13
14
15
16
17
18
19
20
21
22
23

기록일 : . . .

24

25

3

2

3

4

5

6

7

8

9

10

11

12

13

14

15

16

17

18

19

20

21

22

23

24

4

2

3

4

5

6

7

8

9

10

11

12

13

14

15

16

17

18

19

20

21

22

23

24

25

기록일 : . . .

26

5

2

3

4

5

6

7

8

9

10

11

12

13

14

15

16

17

18

19

20

21

22

23

24

25

26

27

28

기록일 : . . .

29

30

31

32

6

2

3

4

5

6

7

8

9

10

11

12

13

14

15

16

기록일 : . . .

17

18

19

20

21

22

7

2

3

4

5

6

7

8

9

10

11

12

13

14

15

기록일 : . . .

16

17

18

19

20

21

22

23

24

8

2

3

4

5

6

7

8

9

10

11

12

13

14

15

16

17

18

19

20

21

22

9

2

3

4

5

6

7

8

9

10

기록일 : . . .

11

12

13

14

15

16

17

18

19

20

21

22

23

24

25

26

27

28

29

기록일 : . . .

10

2

3

4

5

6

7

8

9

10

11

12

13

14

15

16

17

18

19

20

21

22

23

24

25

기록일 : . . .

26

웟

27

28

29

30

31

32

11

2

3

4

5

6

7

8

9

10

11

12

13

14

15

16

17

18

19

20

21

22

23

24

25

26

27

28

29

30

31

32

12

2

3

4

5

6

7

기록일 : . . .

8

9
10

11

12

13

14

15

16

17

18

19

20

13

2

3

4

5

6

7

기록일 : . . .

8

9

10

11

12

13

14

15

16

17

18

14

2

3

4

5

6

7

기록일 : . . .

8

9

10

11

12

13

14

15

16

17

18

19

20

21

22

23

24

기록일 : . . .

15

2

3

4

5

6

7

8

9

10

11

12

13

14

15

16

17

기록일 : . . .

18

19

20

21

16

2

3

4

5

6

7

8

9

10

11

12

기록일 : . . .

13

14

15

16

17

2

3

4

5

6

7

8

9

10

11

12

13

14

기록일 : . . .

15

16

17

18

19

20

21

22

23

24

25

26

27

18

2

3

4

5

6

7

8

9

10

11

12

13

14

15

16

17

18

19

20

21

기록일 : . . .

22

23

24

25

26

27

28

29

30

31

32

33

19

2

3

4

5

6

7

8

9

10

11

12

13

14

15

16

17

18
19
20
21
22
23
24
25
26
27
28
29
30
31
32
33
34

35

36

37

38

20

2

3

4

5

6

7

8

9

10

기록일 : . . .

21

2

3

4

5

6

7

8

9

10

11

12

13

14

15

16

17

18

11

12

13

14

15

16

17

18

19

20

21

22

23

24

25

26

기록일 : . . .

27

28

29

30

31

32

33

34

22

2

3

4

5

6

7

8

9

기록일 : . . .

10

11

12

13

14

15

16

17

18

19

20

21

22

23

24

23

2

기록일 :   .   .   .

3

4

5

6

7

8

9

10

11

12

13

14

15

16

17

18

기록일 : . . .

19

20

24

2

3

4

5

6

7

8

9

10

11

12

13

14

기록일 : . . .

15

16

17

18

19

20

21

22

23

24

25

26

27

28

29

30

기록일 : . . .

31

32

33

34

35

36

37

38

39

40

41

42

43

44

45

기록일 : . . .

46

47

48

49

50

51

52

53

54

55

56

57

58

59

60

기록일 : . . .

61

62

63

64

65

66

67

25

2

3

4

5

6

7

8

9

10

11

12

13

14
15
16
17
18
19
20
21
22
23
24
25
26
27
28
29
30
31
32

기록일 : . . .

33

34

26

2

3

4

5

6

7

8

9

10

11

12

13

14

기록일 : . . .

15

16

17

18

19

20

21

22

23

24

25

26

27

28

29

30

기록일 : . . .

31

32

33

34

35

27

2

3

4

5

6

7

8

9

10

11

12

13

14

기록일 : . . .

15

16

17

18

19

20

21

22

23

24

25

26

27

28

29

30

기록일 : . . .

31

32

33

34

35

36

37

38

39

40

41

42

43

44

기록일 : . . .

45

46

28

2

3

4

5

6

7

8

9

10

11

12

13

14

15

16

17

18

19

20

21

22

29

2

3

4

5

6

7

기록일 : . . .

8

9

10

11

12

13

14

15

16

17

18

19

20

21

22

23

24

25

기록일 : . . .

26

27

28

29

30

31

32

33

34

35

30

2

3

4

5

6

기록일 : . . .

7

8

9

10

11

12

13

14

15

16

17

18

19

20

21

22

23

24

25

기록일 : . . .

26

27

28

29

30

31

32

33

34

35

36

37

38

39

기록일 : . . .

40

41

42

43

31

2

3

4

5

6

7

8

9

10

11

12

기록일 : . . .

13

14

15

16

17

18

19

20

21

22

23

24

25

26

27

28

29

30

기록일 : . . .

31

32

33

34

35

36

37

38

39

40

41

42

43

44

45

46

47

48

49

50

51

52

53

54

55

32

2

3

기록일 : . . .

4

5

6

7

8

9

10

11

12

13

14

15

16

17

18

기록일 : . . .

19

20

21

22

23

24

25

26

27

28

29

30

31

32

33

2

3

기록일 : . . .

4

5

6

7

8

9

10

11

12

13

14

15

16

17

18

19

20

34

2

3

4

5

6

7

8

9

10

11

12

13

14

15

16

17

18

19

기록일 : . . .

20
21
22
23
24
25
26
27
28
29
30
31

35

2
3

기록일 : . . .

4

5

6

7

8

9

10

11

12

13

14

15

16

17

18

19

기록일 : . . .

20

21

22

23

24

25

26

27

28

29

36

2

3

4

5

6

7

8

9

10

11

12

13

14

15

16

17

18

19

20

21

22

23

24

25

26

27

28

29

30

31

기록일 : . . .

32

33

34

35

36

37

38

39

40

41

42

43

37

2

3

4

5

6

7

8

9

10

11

12

13

14

15

16

17

18

19

20

21

22

23

기록일 : . . .

24

25

26

27

28

29

30

31

32

33

34

35

36

38

2

3

4

5

기록일 : . . .

6

7

8

9

10

11

12

13

14

15

16

17

18

19

20

21

기록일 : . . .

22

23

24

25

26

27

28

29

30

39

2

3

4

5

6

기록일 : . . .

7

8

9

10

11

12

13

14

15

16

17

18

19

20

21

22

기록일 : . . .

23

40

2

3

4

5

6

7

8

9

10

11

12

13

14

15

16

17

18

기록일 : . . .

19

20

21

22

23

41

2

3

4

5

6

7

8

9

10

11

12

13

14

기록일 : . . .

15

16

17

18

19

20

21

22

23

24

25

26

27

28

29

30

31

32

33

34

35

기록일 : . . .

36

37

38

39

40

41

42

43

44

45

46

47

48

49

50

51

52

기록일 : . . .

53
54
55
56
57

42

2
3
4

5
6
7
8
9
10
11
12
13

기록일 : . . .

14

15

16

17

18

19

20

21

22

23

24

25

26

27

28

기록일 : . . .

29

30

31

32

33

34

35

36

37

38

43

2

3

4

5

6

7

8

9

10

11

12

13

14

15

16

17

기록일 : . . .

18

19

20

21

22

23

24

25

26

27

28

29

30

31

32

33

34

44

2

3

4

5

6

7

8

9

10

11

12

13

14

15

16

기록일 : . . .

17

18

19

20

21

22

23

24

25

26

27

28

29

30

31

기록일 : . . .

32

33

34

45

2

3

4

5

6

7

8

9

10

11

기록일 : . . .

12

13

14

15

16

17

18

19

20

21

22

23

24

25

26

27

28

기록일 : . . .

46

2

3

4

5

6

7

8

9

10

11

12

13

14

15

16

17

18

19

기록일 : . . .

20

21

22

23

24

25

26

27

28

29

30

31

32

33

34

47

2

3

4

기록일 : . . .

5

6

7

8

9

10

11

12

13

14

15

16

17

18

19

기록일 : . . .

20

21

22

23

24

25

26

27

28

29

30

31

48

2

3

4

11

5

12

13

6

7

14

15

8

9

16

10

17

기록일 : . . .

18

19

20

21

22

49

2

3

4

5

6

7

8

9

10

기록일 : . . .

11

12

13

14

15

16

17

18

19

20

21

22

23

24

25

26

27

28

기록일 : . . .

29

30

31

32

33

50

2

3

4

5

6

7

8

9

10

11

기록일 : . . .

12

13

14

15

16

17

18

19

20

21

22

23

24

25

26

기록일 : . . .

EXODUS

출애굽기

저 자	모세
주 제	하나님의 구원
기록목적	• 선민 이스라엘을 그들의 조상과 맺은 언약대로 애굽에서 구원하신 하나님의 구속 행위를 기록함으로써 구원의 하나님을 보여 준다. • 예수 그리스도를 통한 인류 구원의 구속 사건의 모형을 보여 준다. • 구원받은 백성이 지켜야 할 삶의 원리를 가르쳐 준다.
기록배경	출애굽 후 480년이 지나서 성전 건축이 시작되었다는 열왕기상 6장 1절의 기록을 근거로 솔로몬 성전 건축은 주전 966년에 시작되었음, 출애굽 연도는 주전 1446년경으로 본다. 야곱의 후손들이스라엘 백성은 요셉을 알지 못하는 왕이 통치하게 되자 노예로 전락하여 노역에 시달리게 되었다. 이러한 상황 가운데서 그들은 하나님의 구원을 간구하게 되었고, 그들의 신음을 들으신 하나님께서는 아브라함에게 예고하셨던 기한이 참에 따라창 15:13-16 모세를 통한 이스라엘의 구원 사역을 착수하셨다. 모세는 40세까지 바로의 왕궁에서 왕자로서 살다가 미디안 광야에서 40년 동안 하나님께 훈련받고 80세에 소명을 받았다. 하나님께서는 모세를 세워 애굽을 10가지 재앙으로 치고 홍해를 육지처럼 건너게 하는 등, 장엄한 구원의 드라마를 펼침으로 열방에 하나님의 영광과 능력을 나타내셨다.
특 징	• 이스라엘의 구속사와 이스라엘이 하나님의 능력으로 출애굽 하는 과정을 통해 선민으로서의 정체성을 확립해 가는 과정을 보여 준다. • 하나님의 계시가 전편에 흐르고 있다. • 초자연적인 사건들이 많이 등장한다. • 율법을 받고 성막을 제작하며 신앙 훈련을 받는 가운데 약속의 땅을 향해 전진하는 희망찬 내용이 부각되어 있다.

나의 기도

출애굽기

1

2

3

4

5

6

7

8

9

10

11

12

13

14

15

16

17

18

19

20

기록일 : . . .

21

22

2

2

3

4

5

6

7

8

9

10

11

12

13

14

15

16

17

18

19

20

21

22

23

24

25

3

2

3

4

5

기록일 : . . .

6

7

8

9

10

11

12

13

14

15

16

17

18

19

20

21

22

4

2

3

4

5

6

7

8

9

기록일 : . . .

10

11

12

13

14

15

16

17

18

19

20

21

22

23

24

25

기록일 : . . .

26

27

28

29

30

31

5

2

3

4

5

6

7

8

9

기록일 : . . .

10

11

12

13

14

15

16

17

18

19

20

21

22

23

6

2

기록일 : . . .

3

4

5

6

7

8

9

10

11

12

13

14

15

16

17

18

기록일 : . . .

19

20

21

22

23

24

25

26

27

28

29

30

7

2

3

4

5

기록일 : . . .

6

7

8

9

10

11

12

13

14

15

16

17

18

19

20

21

기록일 : . . .

22

23

24

25

8

2

3

4

5

6

7

8

9

10

11

12

13

14

기록일 : . . .

15

16

17

18

19

20

21

22

23

24

25

26

27

기록일 : . . .

28

29

30

31

32

9

2

3

4

5

6

7

8

9

10

11

12

기록일 : . . .

13

14

15

16

17

18

19

20

21

22

23

24

25

26

27

기록일 : . . .

28

29

30

31

32

33

34

35

10

2

3

4

5

6

기록일 : . . .

7

8

9

10

11

12

13

14

15

16

17

18

19

20

21

기록일 : . . .

22

23

24

25

26

27

28

29

11

2

3

4

5

6

7

기록일 : . . .

8

9

10

12

2

3

4

5

6

7

8

9

10

11

12

13

14

기록일 : . . .

15

16

17

18

19

20

21

22

23

24

25

26

27

28

29

기록일 : . . .

30

31

32

33

34

35

36

37

38

39

40

41

42

43

44

45

46

47

기록일 : . . .

48

49

50

51

13

2

3

4

5

6

7

8

9

10

11

12

13

기록일 : . . .

14

15

16

17

18

19

20

21

22

14

2

3

4

기록일 : . . .

5

6

7

8

9

10

11

12

13

14

15

16

17

18

기록일 : . . .

19

20

21

22

23

24

25

26

27

28

29

30

31

15

2

기록일 : . . .

3

4

5

6

7

8

9

10

11

12

13

14

15

16

17

18

19

기록일 : . . .

20

21

22

23

24

25

26

27

16

2

3

4

5

6

기록일 : . . .

7

8

9

10

11

12

13

14

15

16

17

18

19

20

기록일 : . . .

21

22

23

24

25

26

27

28

29

30

31

32

33

34

35

36

기록일 : . . .

17

2

3

4

5

6

7

8

9

10

11

12

13

14

기록일 : . . .

15

16

18

2

3

4

5

6

7

8

9

10

11

12

13

14

기록일 : . . .

15

16

17

18

19

20

21

22

23

24

25

26

27

19

2

3

4

기록일 : . . .

5

6

7

8

9

10

11

12

13

14

15

16

17

18

19

기록일 : . . .

20

21

22

23

24

25

20

2

3

4

5

6

7

8

9

10

11

기록일 : . . .

12

13

14

15

16

17

18

19

20

21

22

23

24

25

26

21

2

3

4

5

기록일 : . . .

6

7

8

9

10

11

12

13

14

15

16

17

18

19

20

21

22

23

24

25

26

27

28

29

30

31

32

33

34

35

36

22

2

3

4

5

기록일 : . . .

6

7

8

9

10

11

12

13

14

15

16

17

18

19

20

21

22

23

기록일 : . . .

24

25

26

27

28

29

30

31

2

3

4

5

6

7

8

9

10

11

기록일 : . . .

12

13

14

15

16

17

18

19

20

21

22

23

24

25

26

27

기록일 : . . .

28

29

30

31

32

33

24

2

3

4

5

6

7

8

9

10

11

기록일 : . . .

12

13

14

15

16

17

18

25

2

3

4

5

6

7

8

9

10

11

12

13

14

15

기록일 : . . .

16

17

18

19

20

21

22

23

24

25

26

27

28

29

30

31

32

33

34

35

기록일 : . . . .

36

37

38

39

40

26

2

3

4

5

6

7

8

9

10

11

12

13

14

15

16

17

18

19

20

21

22

23

24

25

26

27

28

29

30

31

32

33

34

35

36

37

기록일 : . . .

2

3

4

5

6

7

8

9

10

11

12

13

14

15

16

17

18

19

20

기록일 : . . .

21

28

2

3

4

5

6

7

8

9

10

11

12

13

14

15

16

17

18

기록일 : . . .

19

20

21

22

23

24

25

26

27

28

29

30

31

32

33

34

35

36

37

38

39

기록일 : . . .

40

41

42

43

29

2

3

4

5

6

7

8

9

10

11

12

13

기록일 : . . .

14

15

16

17

18

19

20

21

22

23

24

25

26

27

28

29

30

기록일 : . . .

31

32

33

34

35

36

37

38

39

40

41

42

43

44

45

46

30

2

3

기록일 : . . .

4
5
6
7
8
9
10
11
12
13
14
15
16
17
18
19
20
21

기록일 : . . .

22

23

24

25

26

27

28

29

30

31

32

33

34

35

36

37

38

31

2

3

4

기록일 : . . .

5

6

7

8

9

10

11

12

13

14

15

16

17

18

32

2

3

기록일 : . . .

4

5

6

7

8

9

10

11

12

13

14

15

16

17

18

기록일 : . . .

19

20

21

22

23

24

25

26

27

28

29

30

31

32

33

기록일 : . . .

34

35

33

2

3

4

5

6

7

8

9

10

11

12

기록일 : . . .

13

14

15

16

17

18

19

20

21

22

23

34

2

3

4

5

기록일 : . . .

6

7

8

9

10

11

12

13

14

15

16

17

18

19

20

21

기록일 : . . .

22

23

24

25

26

27

28

29

30

31

32

33

34

35

35

2

기록일 : . . .

3

4

5

6

7

8

9

10

11

12

13

14

15

16

17

18

19

20

21

22

23

24

기록일 : . . .

25

26

27

28

29

30

31

32

33

34

35

36

2

3

4

5

6

7
8
9
10
11
12
13
14
15
16
17
18
19
20
21
22
23
24
25
26
27

기록일 : . . .

28

29

30

31

32

33

34

35

36

37

38

37

2

3

4

5

6

7

8

9

10

기록일 : . . .

11

12

13

14

15

16

17

18

19

20

21

22

23

24

25

26

27

28

29

기록일 : . . .

38

2

3

4

5

6

7

8

9

10

11

12

13

14

15

16

17

18

19

20

21

기록일 : . . .

22

23

24

25

26

27

28

29

30

31

39

2

3

4

5

6

7

기록일 : . . .

8

9

10

11

12

13

14

15

16

17

18

19

20

21

22

23

24

25

26

27

28

29

기록일 : . . .

30

31

32

33

34

35

36

37

38

39

40

41

42

43

40

2

3

4

5

6

7

8

9

기록일 : . . .

10

11

12

13

14

15

16

17

18

19

20

21

22

23

24

25

26

27

28

29

30

31

기록일 : . . .

32

33

34

35

36

37

38

기록일 : . . .

LEVITICUS

레위기

저 자	모세
주 제	속죄와 성결

기록목적

- 이스라엘 백성이 선민으로서 생활할 때 필요한 제도와 규칙들을 공포한다.
- 죄인인 인간이 속죄 의식을 통해 하나님께 나아가는 길을 알려 준다.
- 제사 의식을 통해 완전한 희생제물이시며 영원한 대제사장이신 예수님의 희생과 구속의 의미를 보여 준다.

기록배경

레위기는 출애굽기 40장의 성막 완성 이후 시내 산을 출발하기까지의 두 달 동안에 하나님께서 모세에게 지시하신 것을 내용으로 한다. 모세는 하나님께서 이스라엘을 위해서 그에게 50회에 걸쳐 계시하신 지시 사항을 기록하였다.

특 징

- 성경의 어떤 책보다도 하나님의 말씀이 직접적으로 인용되어 있다.
- 제사 체계와 속죄의 대속에 관하여 자세히 기록되어 있으며, 특히 16장에는 속죄일에 대하여 언급되어 있다.
- 이스라엘 백성들이 영적 · 도덕적으로 정결한 생활, 다른 나라로부터의 분리, 하나님께 대한 순종을 통하여 제사장적 소명을 성취하도록 강조하고 있다.

나의 기도

레위기

1

2

3

4

5

6

7

8

9

10

11

12

13

14

15

16

17

기록일 : . . .

2

2

3

4

5

6

7

8

9

10

11

12

13

14

15

16

3

2

3

4

5

6

7

8

9

10

11

12

13

14

15

16

17

4

2

기록일 : . . .

3

4

5

6

7

8

9

10

11

12

13

14

15

16

17

18

19

20

기록일 : . . .

21

22

23

24

25

26

27

28

29

30

31

32

33

34

35

5

2

3

4

5

6

7

8

9

10

11

12

13

14

기록일 : . . .

15

16

17

18

19

6

2

3

4

5

6

7

8

9

10

11

기록일 : . . .

12

13

14

15

16

17

18

19

20

21

22

23

24

25

26

27

기록일 : . . .

28

29

30

7

2

3

4

5

6

7

8

9

10

11

12

13

14

15

16

17

기록일 : . . .

18

19

20

21

22

23

24

25

26

27

28

29

30

31

32

33

34

기록일 : . . .

35

36

37

38

8

2

3

4

5

6

7

8

9

10

11

12

13

14

15

기록일 : . . .

16

17

18

19

20

21

22

23

24

25

26

27

28

29

30

기록일 : . . .

31

32

33

34

35

36

9

2

3

4

5

6

7

8

9

10

11

기록일 : . . .

12

13

14

15

16

17

18

19

20

21

22

23

24

10

2

3

4

5

기록일 : . . .

6

7

8

9

10

11

12

13

14

15

16

17

18

기록일 : . . .

11

19

20

2

3

4

5

6

7

8

9

10

11

12

13

14

15

16

17

18

19

20

21

22

23

24

25

26

27

28

29

30

31

32

33

34

35

36

37

38

39

기록일 : . . .

40

41

42

43

44

45

46

47

2

3

4

5

6

7

8

기록일 : . . .

13

2

3

4

5

6

7

8

9

10

11

12

13

14

15

16

17

기록일 : . . .

18

19

20

21

22

23

24

25

26

27

28

29

30

31

32

33

34

기록일 : . . .

35

36

37

38

39

40

41

42

43

44

45

46

47

48

49

50

51

52

기록일 : . . .

53

54

55

56

57

58

59

2

3

4

5

6

7

8

9

10

기록일 : . . .

11

12

13

14

15

16

17

18

19

20

21

22

23

24

25

기록일 : . . .

26

27

28

29

30

31

32

33

34

35

36

37

38

39

40

41

42

43

44

45

기록일 : . . .

46

47

48

49

50

51

52

53

54

55

56

57

15

2

3

4

5

6

7

8

기록일 : . . .

9

10

11

12

13

14

15

16

17

18

19

20

21

22

23

24

25

기록일 : . . .

26

27

28

29

30

31

32

33

16

2

3

4

5

6

7

8

9

10

11

12

13

14

15

16

17

18

19

20

21

22

23

24

25

기록일 : . . .

26

27

28

29

30

31

32

33

34

17

2

3

4

5

6

7

기록일 : . . .

8

9

10

11

12

13

14

15

16

18

2

3

4

5

6

7

기록일 : . . .

8

9

10

11

12

13

14

15

16

17

18

19

20

21

22

23

24

25

26

기록일 : . . .

27

28

29

30

19

2

3

4

5

6

7

8

9

10

11

12

13

14

15

기록일 : . . .

16

17

18

19

20

21

22

23

24

25

26

27

28

29

30

31

32

기록일 : . . .

33

34

35

36

37

20

2

3

4

5

6

7

8

9

10

11

12

기록일 : . . .

13

14

15

16

17

18

19

20

21

22

23

24

25

기록일 : . . .

26

27

21

2

3

4

5

6

7

8

9

10

11

12

13

14

15

16

17

18

19

20

21

22

23

24

22

2

3

4

5

6

7

8

기록일 : . . .

9

10

11

12

13

14

15

16

17

18

19

20

21

22

23

24

기록일 : . . .

23

25

2

3

26

27

4

5

28

6

29

7

30

8

31

9

32

10

33

11

기록일 : . . .

12

13

14

15

16

17

18

19

20

21

22

23

24

25

26

기록일 : . . .

27

28

29

30

31

32

33

34

35

36

37

38

39

40

41

42

43

기록일 : . . .

44

24

2

3

4

5

6

7

8

9

10

11

12

13

14

15

16

17

기록일 : . . .

18

19

20

21

22

23

25

2

3

4

5

6

7

8

9

10

11

12

기록일 : . . .

13

14

15

16

17

18

19

20

21

22

23

24

25

26

27

28

29

30

31

32

33

34

35

36

37

38

39

40

41

42

43

44

45

46

47

기록일 : . . .

48

49

50

51

52

53

54

55

26

2

3

4

5

6

7

8

기록일 : . . .

9

10

11

12

13

14

15

16

17

18

19

20

21

22

23

24

기록일 : . . .

25

26

27

28

29

30

31

32

33

34

35

36

37

38

39

40

41

기록일 : . . .

42

43

44

45

46

27

2

3

4

5

6

7

8

9

10

11

12

13

14

15

16

17

18

19

20

21

22

23

24

25

26

27

28

기록일 : . . .

29

30

31

32

33

34

기록일 : . . .

NUMBERS

민수기

저 자 모세

주 제 이스라엘 백성들의 광야 생활과 그들을 인도하시는 하나님

기록목적 출애굽 1세대가 약속의 땅 가나안에 들어가지 못한 이유는 하나님을 온전히 믿지 못하는 데서 오는 원망과 불신이었다. 본서는 이스라엘 백성들의 불순종에 대한 하나님의 심판과 자비를 보여 줌으로써 하나님께 대한 믿음과 순종으로 약속의 땅에 들어가야 함을 강조하고 있다.

기록배경 본서는 출애굽 1세대가 시내 산에서 출발 준비를 한 20일간의 기간과 광야에서 방랑한 약 38년간의 기간과 요단 동쪽 땅을 점령한 수개월간의 역사를 서술하고 있다. 출애굽 1세대는 하나님의 명령에 따라 1차 인구 조사를 실시하고 대열을 정비한 후 시내 산을 떠나 바란 광야에 이르렀다. 이곳에서 그들은 정탐꾼들을 가나안 땅으로 보냈다가 부정적인 보고를 듣자 하나님을 거역하였다. 그 결과 그들은 가나안 땅을 눈앞에 두고 발길을 돌려 약 38년 동안 광야에서 방황하다가 죽게 되었다. 하나님을 반역한 출애굽 1세대가 모두 죽은 후, 출애굽 2세대는 요단 동편 모압 평야에서 2차 인구 조사를 실시하고 요단 동편 땅을 점령하고 가나안 땅을 정복하기 위한 준비를 하였다.

특 징
- 이스라엘이 시내 산 출발 후 38년 동안 광야에서 방황하게 된 이유를 제시하고 있다.
- 하나님께 대항하는 이스라엘의 반역과 불평의 악순환이 묘사되어 있다.
- 본서 전체를 관통하는 한 가지 관점은, 하나님께서는 그의 백성이 요동치 않는 믿음을 가지고 그의 약속을 믿으며 그를 의뢰하고 나아갈 때 복과 생명을 주신다는 사실이다.
- 성도에게는 신앙 훈련이 필요함을 가르쳐 준다.

나의 기도

민수기

1

2

3

4

5

6

7

8

9

10

11

12

13

14

15

16

17

18

19

20

기록일 : . . .

21

22

23

24

25

26

27

28

29

30

31

32

33

34

35

36

37

38

39

40

기록일 : . . .

41

42

43

44

45

46

47

48

49

50

51

52

53

54

2

2

3

4

기록일 : . . .

5

6

7

8

9

10

11

12

13

14

15

16

17

18

19

20

21

22

23

24

25

26

27

기록일 : . . .

28

29

30

31

32

33

34

3

2

3

4

5

6

7

8

9

10

11

12

기록일 : . . .

13

14

15

16

17

18

19

20

21

22

23

24

25

26

27

28

29

30

31

32

33

34

35

36

37

38

39

40

41

42

43

44

45

46

47

48

49

50

기록일 : . . .

51

4

2

3

4

5

6

7

8

9

10

11

12

13

14

15

16

기록일 : . . .

17

18

19

20

21

22

23

24

25

26

27

28

29

30

31

32

33

34

기록일 : . . .

35

36

37

38

39

40

41

42

43

44

45

46

47

48

49

5

2

3

4

5

6

7

8

9

10

11

12

13

14

15

16

17

18

19

20

21

22

23

24

25

26

27

28

29

30

31

6

2

3

4

5

6

7

기록일 : . . .

8

9

10

11

12

13

14

15

16

17

18

19

20

21

기록일 : . . .

22

23

24

25

26

27

7

2

3

4

5

6

7

8

9

10

11

12

13

14

15

16

17

18

19

20

21

22

23

24

25

26

27

28

29

30

31

32

33

기록일 : . . .

34
35
36
37
38
39
40
41
42
43
44
45
46
47
48
49
50
51
52
53

기록일 : . . .

54

55

56

57

58

59

60

61

62

63

64

65

66

67

68

69

70

71

기록일 : . . .

72

73

74

75

76

77

78

79

80

81

82

83

84

85

86

87

88

89

8

2

3

4

5

6

7

8

9

10

11

12

13

14

15

16

17

기록일 : . . .

18

19

20

21

22

23

24

25

26

9

2

3

4

5

6

기록일 : . . .

7

8

9

10

11

12

13

14

15

16

17

18

19

20

기록일 : . . .

21

22

23

10

2

3

4

5

6

7

8

9

10

11

12

13

14

기록일 : . . .

15

16

17

18

19

20

21

22

23

24

25

26

27

28

29

30

31

32

33

34

기록일 : . . .

35

36

11

2

3

4

5

6

7

8

9

10

11

12

13

14

15

기록일 : . . .

16

17

18

19

20

21

22

23

24

25

26

27

28

29

기록일 : . . .

30

31

32

33

34

35

12

2

3

4

5

6

7

8

9

10

11

12

13

14

15

16

13

2

3

4

5

6

7

8

9

10

11

12

13

14

15

16

17

기록일 : . . .

18

19

20

21

22

23

24

25

26

27

28

29

30

31

32

33

14

기록일 : . . .

2

3

4

5

6

7

8

9

10

11

12

13

14

15

16

17

기록일 : . . .

18

19

20

21

22

23

24

25

26

27

28

29

30

31

32

33

기록일 :   .   .   .

34

35

36

37

38

39

40

41

42

43

44

45

15

2

3

4

5

6

기록일 : . . .

7

8

9

10

11

12

13

14

15

16

17

18

19

20

21

22

23

24

25

기록일 : . . .

26

27

28

29

30

31

32

33

34

35

36

37

38

39

40

41

16

기록일 : . . .

2

3

4

5

6

7

8

9

10

11

12

13

14

15

기록일 : . . .

16

17

18

19

20

21

22

23

24

25

26

27

28

29

30

31

32

33

기록일 : . . .

34

35

36

37

38

39

40

41

42

43

44

45

46

47

48

49

50

17

2

3

4

5

6

7

8

9

10

11

12

13

18

2

3

기록일 : . . .

4
5
6
7
8
9
10
11
12
13
14
15
16
17

기록일 : . . .

18

19

20

21

22

23

24

25

26

27

28

29

30

31

기록일 : . . .

32

19

2

3

4

5

6

7

8

9

10

11

12

13

14

기록일 : . . .

15

16

17

18

19

20

21

22

20

2

3

4

5

6

7

8

기록일 : . . .

9

10

11

12

13

14

15

16

17

18

19

20

21

기록일 : . . .

22

23

24

25

26

27

28

29

21

2

3

4

5

6

7

8

기록일 : . . .

9

10

11

12

13

14

15

16

17

18

19

20

21

22

23

24

25

26

27

28

29

30

31

32

33

34

35

22

2

3

4

5

6

기록일 : . . .

7

8

9

10

11

12

13

14

15

16

17

18

19

20

21

22

기록일 : . . .

23

24

25

26

27

28

29

30

31

32

33

34

35

36

37

기록일 : . . .

38

39

40

41

23

2

3

4

5

6

7

8

9

10

11

12

기록일 : . . .

13

14

15

16

17

18

19

20

21

22

23

24

25

26

27

28

기록일 : . . .

24

29

30

2

3

4

5

6

7

8

9

10

11

12

13

14

기록일 : . . .

15

16

17

18

19

20

21

22

23

24

25

25

2

3

4

5

6

기록일 : . . .

7

8

9

10

11

12

13

14

15

16

17

18

26

2

3

4

5

6

7

8

9

10

11

12

13

14

15

16

17

18

19

20

21

22

23

24

25

26

27

28

기록일 : . . .

29

30

31

32

33

34

35

36

37

38

39

40

41

42

43

44

45

46

47

48

49

기록일 : . . .

50

51

52

53

54

55

56

57

58

59

60

61

62

63

64

65

기록일 : . . .

2
3
4
5
6
7
8
9
10
11
12
13
14
15
16
17
18
19

기록일 : . . .

20

21

22

23

28

2

3

4

5

6

7

8

9

10

11

12

13

14

기록일 : . . .

15

16

17

18

19

20

21

22

23

24

25

26

27

28

29

30

31

29

2

3

4

5

6

7

8

9

10

11

12

13

14

15

16

17

18

19

20

21

기록일 : . . .

22

23

24

25

26

27

28

29

30

31

32

33

34

35

36

37

38

39

40

30

기록일 : . . .

2

3

4

5

6

7

8

9

10

11

12

13

14

15

기록일 : . . .

16

31

2

3

4

5

6

7

8

9

10

11

12

13

14

15

16

기록일 : . . .

17

18

19

20

21

22

23

24

25

26

27

28

29

30

31

32

33

34

35

36

37

기록일 : . . .

38

39

40

41

42

43

44

45

46

47

48

49

50

51

52

53

54

32

2

3

4

5

6

7

8

9

10

11

12

13

14

15

16

17

18

19

기록일 : . . .

20

21

22

23

24

25

26

27

28

29

30

31

32

33

34

35

36

기록일 : . . .

37

38

39

40

41

42

33

2

3

4

5

6

7

8

9

10

11

12

13

14

15

16

17

18

기록일 : . . .

19

20

21

22

23

24

25

26

27

28

29

30

31

32

33

34

35

36

37

38

39

40

41

42

43

44

45

46

47

48

49

50

51

기록일 : . . .

52

53

54

55

56

34

2

3

4

5

6

7

8

9

10

11

12

13

14

기록일 : . . .

15

16

17

18

19

20

21

22

23

24

25

26

27

28

29

35

2

3

4

5

6

기록일 : . . .

7

8

9

10

11

12

13

14

15

16

17

18

19

20

21

22

23

24

기록일 : . . .

25

26

27

28

29

30

31

32

33

34

36

2

3

4

기록일 : . . .

5

6

7

8

9

10

11

12

13

기록일 : . . .

DEUTERONOMY

신명기

저 자 모세

주 제 하나님의 말씀에 순종하는 삶의 중요성

기록목적 가나안 입성을 앞둔 출애굽 2세대에게 언약을 새롭게 각성시켜, 하나님의 말씀에 순종하는 것만이 축복을 받는 유일한 길임을 강조하기 위하여 기록했다.

기록배경 하나님께 불순종한 출애굽 1세대는 모두 죽고, 출애굽 2세대가 가나안 땅에 들어갈 준비를 하고 있었다. 그들은 대부분이 광야 생활 중에 태어난 자들로서, 하나님의 유월절 구속의 역사와 홍해 도하와 율법 수여 등을 직접 체험하지 못했다. 그러므로 모세는 그들에게 이러한 것들을 전수함으로써 언약을 재확인시켰으며, 나아가 본서를 매안식년마다 모든 백성 앞에서 읽어 자손 대대로 하나님의 말씀을 잊지 말게 할 것을 당부했다.

특 징

- 가나안 입성을 앞둔 이스라엘 백성들이 가나안 땅에서 믿음의 삶을 살도록 율법을 재교육하고 있다.
- 이스라엘 신앙의 근간이며 율법의 대강령인 쉐마가 수록되어 있다6:4-9.
- 신명기적 역사서여호수아, 사사기, 사무엘서, 열왕기서의 기본 정신을 이루는 신명기적 역사관을 낳게 한 중요한 책이다. 신명기적 역사관은 하나님과 맺은 언약의 이행 여부에 따라 복과 저주가 이스라엘 역사 가운데 어떻게 임하는가를 보여 주는 역사 해석 원리다. 즉, 언약을 지키면 축복과 번영이 따르고, 언약을 지키지 않으면 저주와 멸망이 따른다는 것이다.
- 모세의 세 편의 설교로 구성되었다.

나의 기도

신명기

1

2

3

4

5

6

7

8

9

10

11

12

13

14

15

기록일 : . . .

16

17

18

19

20

21

22

23

24

25

26

27

28

29

30

31

32

33

34

35

36

37

38

39

40

41

42

43

44

45

기록일 : . . .

46

2

2

3

4

5

6

7

8

9

10

11

12

13

14

15

16

17
18

19

20

21

22

23

24

25

26

27

28

29

30

기록일 : . . .

31

32

33

34

35

36

37

3

2

3

4

5

6

7

8

9

10

11

12

13

14

15

16

17

18

19

20

21

기록일 : . . .

22

23
24

25

26

27

28

29

4

2

3

4

5

6

7

기록일 : . . .

8

9

10

11

12

13

14

15

16

17

18

19

20

기록일 : . . .

21

22

23

24

25

26

27

28

29

30

31

32

33

34

기록일 : . . .

35

36

37

38

39

40

41

42

43

44

45

46

47

48

49

기록일 : . . .

5

2

3

4

5

6

7

8

9

10

11

12

13

14

15

16

기록일 : . . .

17

18

19

20

21

22

23

24

25

26

27

28

29

30

31

32

기록일 : . . .

33

6

2

3

4

5

6

7

8

9

10

11

12

13

14

15

16

17

18
~
19

20

21

22

23

24

25

7

2

3

4

5

기록일 : . . .

6

7

8

9

10

11

12

13

14

15

16

17

18

19

20

21

22

23

24

25

26

8

2

3

4

5

6

7

기록일 : . . .

8

9

10

11

12

13

14

15

16

17

18

19

20

9

2

3

4

5

6

7

8

9

10

11

12

13

14

기록일 : . . .

15

16

17

18

19

20

21

22

23

24

25

26

27

28

29

기록일 : . . .

10

2

3

4

5

6

7

8

9

10

11

12

13

14

15

기록일 : . . .

16

17

18

19

20

21

22

11

2

3

4

5

6

7

8

9

10

기록일 : . . .

11

12

13

14

15

16

17

18

19

20

21

22

23

24

25

기록일 : . . .

26

27

28

29

30

31

32

12

2

3

4

5

6

7

8

9

10

11

12

13

14

15

16

17

18

19

20

21

기록일 : . . .

22

23

24

25

26

27

28

29

30

31

32

13

2

3

4

기록일 : . . .

5

6

7

8

9

10

11

12

13

14

15

16

17

18

기록일 : . . .

14

2

3

4

5

6

7

8

9

10

11

12

13

14

15

16

17

18

19

20

21

기록일 : . . .

22

23

24

25

26

27

28

29

15

2

3

4
~
5

6

7

8

기록일 : . . .

9

10

11

12

13

14

15

16

17

18

19

20

21

기록일 : . . .

22

23

16

2

3

4

5

6

7

8

9

10

11

12

13

14

15

기록일 : . . .

16

17

18

19

20

21

22

17

2

3

4

5

6

7

8

9

10

11

12

13

14

15

16

17

18

19

20

18

2

기록일 : . . .

3

4

5

6

7

8

9

10

11

12

13

14

15

16

17

18

기록일 : . . .

19

20

21

22

19

2

3

4

5

6

7

8

9

10

기록일 : . . .

11

12

13

14

15

16

17

18

19

20

21

20

2

3

4

5

6

7

8

9

10

11

12

13

14

15

16

17

18

19

기록일 : . . .

20

21

2

3

4

5

6

7

8

9

10

11

12

13

14

기록일 : . . .

15

16

17

18

19

20

21

22

23

22

2

3

4

5

기록일 : . . .

6

7

8

9

10

11

12

13

14

15

16

17

18

19

20

21

22

기록일 : . . .

23

24

25

26

27

28

29

30

23

2

3

4

5

6

7

8

9

기록일 : . . .

10

11

12

13

14

15

16

17

18

19

20

21

22

23

24

25

24

2

3

4

5

6

7

8

9

10

11

12

13

14

15

기록일 : . . .

16

17

18

19

20

21

22

25

2

3

4

5

6

7

기록일 : . . .

8

9

10

11

12

13

14

15

16

17

18

19

26

2

3

기록일 : . . .

4

5

6

7

8

9

10

11

12

13

14

15

16

기록일 : . . .

17

18

19

27

2

3

4

5

6

7

8

9

10

11

12

13

기록일 : . . .

14

15

16

17

18

19

20

21

22

23

24

25

26

28

2

3

4

5

기록일 : . . .

6

7

8

9

10

11

12

13

14

15

16

17

18

19

20

21

22

기록일 : . . .

23

24

25

26

27

28

29

30

31

32

33

34

35

36

37

38

기록일 : . . .

39

40

41

42

43

44

45

46

47

48

49

50

51

52

53

54

기록일 : . . .

55

56

57

58

59

60

61

62

63

64

65

66

67

68

29

2

3

4

5

6

7

8

9

10

11

12

13

14

15

기록일 : . . .

16

17

18

19

20

21

22

23

24

25

26

27

28

29

30

2

3

4

5

6

7

8

9
~
10

11

12

13

기록일 : . . .

14

15

16

17

18

19

20

31

2

3

4

5

6

7

기록일 : . . .

8

9

10

11

12

13

14

15

16

17

18

19

20

기록일 : . . .

28

21

29

22

30

23

32

2

24

3

25

26

4

27

5

기록일 : . . .

6

7

8

9

10

11

12

13

14

15

16

17

18

19

20

21

기록일 : . . .

22

23

24

25

26

27

28

29

30

31

32

33

34

35

36

37

38

39

40

41

42

43

44

45

46

47

48

49

50

51

52

33

2

3

4

5

6

7

8

9

10

11

12

13

14

15

16

기록일 : . . .

17

18

19

20

21

22

23

24

25

26

27

28

29

34

2

3

기록일 : . . .

4

5

6

7

8

9

10

11

12

기록일 : . . .

구약 1(창세기~신명기)

성령님과 함께 쓰는

은혜로운 필사성경

초판 1쇄 인쇄 2019년 10월 25일
초판 1쇄 발행 2019년 11월 1일

편 집 인 김호성
발 행 처 서울말씀사
출판등록 제2016-000172호
주 소 서울시 영등포구 은행로 55, 나동 9층
전 화 02) 846-9222
팩 스 02) 846-9225